# HAIKUS AL MAR MENOR

La Fea Burguesía
POESÍA

Murcia
2024

# HAIKUS
# AL MAR
# MENOR

**VARIOS AUTORES**

La editorial es consciente de la necesidad
de los recursos naturales para consumir cultura
y de la colaboración en la conservación del medio ambiente.
Así pues, por la impresión de este libro, ha plantado
una ciprés (*Cupressus*) en el paraje
de El Horno en Cieza (Murcia)

Coordinación:
Aurora Gil Bohórquez
María José Villarroya Durá

«Haikus al Mar Menor»
© De los textos, sus autores, 2024
© De las fotografías, sus autores, 2024
© De esta edición, La Fea Burguesía Ediciones, 2024
Grupo Editorial Tres y Libros, SL
Murcia, España.
www.lafeaburguesia.es

Cubierta: Cristina Morano
Maquetación: Fernando Fernández Villa

Primera edición: julio de 2024
IBIC: DCQ
ISBN: 978 84 128591 1 9
Depósito legal: MU 786-2024

Printed in Spain - Impreso en España

# Índice

## INVIERNO

Es esta una introducción planteada como un viaje introspectivo hacia la raíz de un ecosistema prodigioso que, de alguna manera, también nos nutre: el Mar Menor. A nosotros, esos seres humanos cuya prepotencia nos ha hecho olvidar que solo somos una parte de un todo. Para mí es un regalo y una alegría poder escribirla.

Que los haikus pongan palabras a la fascinación los convierte en un vehículo excepcional para hacer llegar nuestra voz repleta de Mar Menor en un instante fugaz. Fugacidad que es inversamente proporcional a la intensidad de la emoción que nos causa. Porque este mar es el ladrón de nuestros sentidos y juega con ellos, despertándolos, para ubicarnos en un nuevo escenario en el que habita una sociedad lúcida.

La ilusión que sentimos ante el Mar Menor en su personal superación del drama eutrófico, en su expolio inacabado ejecutado por los seres humanos, necesita de silencios. En esos espacios carentes de ruido el pequeño mar nos abstrae con su belleza, dejándonos absortos, dándonos la posibilidad de elegir entre ser verdugo o víctima de su drama ecológico. Nos permite recuperar la conciencia. Y ahí surgen los haikus, como aves acuáticas que sobrevuelan esa belleza y sobre ella se posan.

Deshilvanando algunos de mis vínculos, recuerdo esa biodiversidad que estallaba al jugar en su azul, aquella calma que te acogía y la red imaginaria que te mecía, ya fuese en su seno o en su orilla, confiando sin ambages, disfrutando sin límites. Por lo que tiene de dar cuidado a los demás, su destrucción es la historia de un fracaso colectivo, casi diría que de un suicidio.

En este terrible proceso sucumben seres vivos, del reino animal y vegetal, queda yermo el suelo y contaminada el agua. El apocalipsis amenaza por momentos y solo el genuino instinto de supervivencia del Mar Menor basta para hacernos reflexionar. Entonces vemos que su salvación y protección son la esperanza, incluso para detener el harakiri de nuestra propia especie. Y de nuevo los haikus en su concepto más nativo nos seducen y nos colocan ante un espejo.

En su luna vemos un mundo de imágenes retocadas, cuerpos perfectos, surcos ausentes de una faz sin tiempo, en el que la belleza queda limitada a lo externo. Mas sabemos, porque es un hecho, que no debemos conformarnos con la hermosura de su paisaje. Entrar en él es una obligación. Es dentro de él donde sangra la herida, donde yace el conocimiento que arroja luz.

La sociedad que se siente marmenorense quedó atónita presenciando una sopa verde, una playa salpicada de cadáveres hijos de este mar, un diálogo de besugos entre las administraciones competentes y los sectores productivos implicados en los impactos. El germen de un movimiento social sin parangón lo llenó todo de forma ejemplar logrando hitos que pertenecen al devenir de la Región de Murcia, de España, y quizá del mundo, cuando la Historia escriba sus líneas casi inmutables. Y lo hicimos sin violencia, sin intereses económicos de por medio. Y como si tuviésemos una sobredosis de haikus, fuimos conscientes.

Llegar tarde es una lección que aún aprendemos. Impedir que el desánimo nos inmovilice o que la desesperación nos agote pertenece al capítulo de la resiliencia. Los 42 haijines y los 17 fotógrafos de este trabajo colectivo son una suma de emociones, recuerdos, vivencias y principios bañados en su luz. Una luz que es única, porque se compone de los haces mediterráneos y los de tierra adentro. Así es desde que este mar quiso arribar a tierra y acoger poblaciones de avifauna, de flora o de humanos, en su orilla. Deseó escucharnos y ser testigo de nuestra construcción social, dejando de ser el buen pirata para asentarse con su tesoro y compartirlo.

El agradecimiento hacia él es infinito, como la magia de sus amaneceres o el hechizo de sus atardeceres de la mano de la noche. Este Mar Menor que nos atrapa para no soltarnos nunca más puede a su vez capturarse en unos versos humildes y verdaderos. En este libro las palabras expresan el silencio nacido de la profunda conexión con el medio natural amigo. Sin nada más, solo con eso. Sin nada menos, solo con él.

Prohibido rendirse. Que la sabiduría del Mar Menor sea con nosotros.

Celia Martínez Mora
Ingeniera Agrónoma por la UPCT
Representante del Pacto X el Mar Menor

## ~ EL MAR MENOR ~

Clara Villarroya

**Haikus del mar 1**

¡Ay, Mar Menor
de nuestras alegrías
y nuestro duelo!
José Luis Aguayo Albasini

Tu voz azul,
queja mansa hacia adentro,
llanto infinito.
Idoia Arbillaga

Color añil
disfrazado de cielo,
el Mar Menor.
Margarita Ayala

Dichoso el cielo,
que ha encontrado un espejo
donde mirarse.
Conchita Bayonas

Sublime estampa,
azul quebrado al fondo,
belleza en calma.
Magdalena Cánovas Martínez

Un mar sin olas.
Las aves en silencio
nombran el agua.
Ángeles Carnacea

¡*Romana Palus*!
Tras tu franja de arena,
mueres despacio.
José Ángel Castillo

Putrefacciones
donde antaño danzaban
los hipocampos.
Vicente Cervera Salinas

Despiertan aves
distantes de la orilla
de un mar incierto.
Julio Ciller

Parcelas de agua,
refugio de zancudas
en la mañana.
Mª Jesús Ciller

Por la mañana
se besan los azules
del horizonte.
Fernando de la Cierva Bento

Espejo azul
borrando el horizonte.
Melancolía.
Elena Fuentes

El espigón,
arrullo de olas blancas,
mece su paz.
Eva Garrido Samper

Días azules.
En la quietud del mar
se alegra el alma.
Aurora Gil Bohórquez

Hacia el gran piélago
abundancia de azules.
Vibra septiembre.
Mª Ángeles Gómez Ortigosa

Identidad
late azul infinito,
y tú ¿lo sientes?
Noelia Jerónima Guillén Pardínez

Es el Menor
un mar al que mimar.
Nuestro mar chico.
María José Hernández Hernández

Haikus del mar 2

De azurita
lontananza; el limes
de primavera.
Juan Jordán

En este instante
un mar hace infinito
el cielo abajo.
Raimundo Lara

Tardean aves
en el lienzo de azules,
nítido ocaso.
Josefina López

Mar Menor, ruge,
vive a nuestro pesar,
llora pasado.
Milagros López

Todo es azul.
Mar y cielo amanecen
llenos de vida.
Ramón López Palop

Brillante día.
Desde el azul en calma,
lento milagro.
Juana J. Marín Saura

El Mar Menor,
regalo natural,
salado y cálido.
Carmen Martínez Marín

Mudo debate
el que libran las aguas
del Mar Menor.
Romualdo Mateos Ramos

Cuando atardece,
quedan entre tus aguas
los dulces sueños.
Mª Asunción Nuño Vázquez-Garza

Allá a lo lejos
el muro continente.
Mar imposible.
Fernando Oliva Mompeán

El horizonte,
el plano vertical,
un trampantojo.
Alonso Palacios

Tarde. Salinas…
la fuente de alimento
que otorga vida.
Emilio del Carmelo Tomás Loba

Azul de mar,
esconden las cabezas
piedra y flamencos.
Raquel Vargas

Cieno y lodo.
Mar con profunda herida.
Suena la queja.
Gabriel Vegara

Vieja laguna,
ya nadie la protege.
¡Salvadla ya!
Teresa Vicente

Azules varios,
celeste, cian, añil,
vibrante vida.
Clara Villarroya

¿Hay algo acaso
más hermoso que el mar?,
se dice Ulises.
María José Villarroya

# ~ PRIMAVERA ~

Isabel Rubio Pérez

# Haikus de las flores 1

Todos los días
se despeina la seba
con las corrientes.
José Luis Aguayo Albasini

Luz que no toca
la posidonia en fuga
de nuestro amor.
Idoia Arbillaga

Blancas y verdes
en Mar de Cristal luce
la bella flor.
Margarita Ayala

Bajo las aguas
se sienten protegidas
en sal y arena.
Conchita Bayonas

Surge la vida
bajo el agua salada,
bello milagro.
Magdalena Cánovas Martínez

Un verde así.
En el fondo marino,
rizoma y flor.
Ángeles Carnacea

La seba danza
su largo vals dormido
bajo las aguas.
José Ángel Castillo

Gritemos todos:
¡Por la vida en las aguas
del Mar Menor!
Vicente Cervera Salinas

Entra la luz
en un mar de esperanza
con flores únicas.
Julio Ciller

Fondo marino
con ingrávidas plantas.
Jardín nipón.
Mª Jesús Ciller

Erguida y quieta
en el fondo marino
campo de O2.
Ana Cuesta Rico

El agua mansa
mece las parabólicas
de los océanos.
Fernando de la Cierva Bento

Dentro del mar
en arenas almagres,
asoma vida.
Elena Fuentes

Flores doradas
acarician corrientes.
Ritmo de vals.
Eva Garrido Samper

Cymodoceas.
¿Quién conoce esas flores
bajo las aguas?
Aurora Gil Bohórquez

Fondo marino.
Caballito de mar,
triste añoranza.
Mª Ángeles Gómez Ortigosa

Flores marinas:
un jardín bajo el agua
para sirenas.
Charo Guarino

# Haikus de las flores 2

El bosque-diálogo
es plegaria de peces,
cobijo y música.
Milagros López

En el jardín
de mi pequeño mar
nacen las flores.
Francisco Javier López Martínez

Bosques hundidos,
forestas esperando
corcel de plata.
Ramón López Palop

Flores del agua
ya bailan con las olas,
brota la vida.
Mª Carmen Martínez Balibrea

Florece al fondo
un cristal de colores.
En transparencia.
Carmen Martínez Marín

Las flores pugnan
contra viento y marea
por su existencia.
Romualdo Mateos Ramos

Frágiles flores
en el fondo marino
¡no las piséis!
Juan José Navarro Avilés

Discreta surges
en cuna de algodón,
sábana verde.
Mª Asunción Nuño Vázquez-Garza

Cymodoceas
cañitas ondulantes
allá en el fondo.
Alonso Palacios

Eco marino
es su relinche acuoso.
Grita su ausencia.
Mª Carmen Piqueras

Bajo las aguas
fulguran ambiciones
adolescentes.
Rosa Mª Regalado

Tallo rastrero,
hogar de caracolas
y otros secretos.
Francisco Ruiz-Villarroya

Vida que crece
ante el agua del tiempo
lejos del aire.
Emilio del Carmelo Tomás Loba

Esquivos dedos
acarician las algas:
las fanerógamas.
Raquel Vargas

Lanzas batidas,
cobijo, en mar agónico,
de toda vida.
Gabriel Vegara

Lechos marinos
luminosos y vivos
piden amor.
Clara Villarroya

Murmullo de agua,
jazmín alado, lirio,
paloma frágil.
María José Villarroya

Aíta Salinas Muñoz

# Haikus de las tardes de playa 1

¿Adónde fueron
las tardes de familia
sobre la arena?
José Luis Aguayo Albasini

Y por las tardes
echamos unas risas.
Complicidad.
Margarita Ayala

Cuántas historias
al fresco de la tarde
se habrán contado.
Conchita Bayonas

Una familia
a la sombra disfruta
del mar en calma.
Magdalena Cánovas Martínez

Vive en la arena
un recuerdo infantil.
Horas de sol.
Ángeles Carnacea

Sal de nostalgia.
Los cubos y las palas,
solar de infancia.
José Ángel Castillo

Plan de domingo,
sobremesa en la playa,
juegos y charlas.
Julio Ciller

Huertano estío,
sosiego familiar,
juegos de infancia.
Mª Jesús Ciller

Termina el día
narrando sus memorias
niños y grandes.
Ana Cuesta Rico

Junto a la orilla
pasamos el verano
haciendo planes.
Fernando de la Cierva Bento

Sobre la arena
sentadita quedé.
A chupé… ¿Cantas?
Elena Fuentes

El agua fría:
tan solo un niño chico
juega en la orilla.
Aurora Gil Bohórquez

Largos veranos,
orillas infinitas.
Juegos de infancia.
Mª Ángeles Gómez Ortigosa

Cae la tarde.
Disfrutan las familias.
Agua y arena.
Charo Guarino

Tarde de estío:
pañales, agua, arena.
Morfeo sueña.
Noelia Jerónima Guillén Pardínez

Crecen las tardes.
Junto al viejo paseo,
playa en familia.
María José Hernández Hernández

¡Cuántas familias
gozan de tus arenas
en su descanso!
Raimundo Lara

Haikus de las tardes de playa 2

La tarde lúdica
en la gris calma chicha
amaina el día.
Josefina López

Dentro de siglos
recogerán los restos
hombres de ciencia.
Francisco Javier López Martínez

Aquellas tardes
de playa, arena y risas
con la familia.
Ramón López Palop

Tardes de playa
entre risas y juegos
pasan los días.
Mª Carmen Martínez Balibrea

Larga la tarde
tan amena la charla
junto a la orilla.
Carmen Martínez Marín

Cónclave íntimo
que remeda el ayer
más que añorado.
Romualdo Mateos Ramos

La paz del mar
hace propicio el juego
y la amistad.
Juan José Navarro Avilés

Tarde de playa,
encuentro familiar.
Lazos que unen.
Mª Asunción Nuño Vázquez-Garza

Con la merienda
los juegos y las risas
sobre la arena.
Fernando Oliva Mompeán

Tranquilidad.
Al fondo las palmeras.
Arena y agua.
Alonso Palacios

Tímida el agua,
son los pies pececitos,
pocos los años.
Mª Carmen Piqueras

La playa abierta,
confidencias en junio.
¿Renacimiento?
Rosa Mª Regalado

Fue en el verano,
ayer, tal vez ignoto,
cuando jugaba.
Emilio del Carmelo Tomás Loba

En sus orillas
momentos familiares:
el mar amigo.
Raquel Vargas

En el sosiego
de la tarde, las voces
rozan la arena.
Gabriel Vegara

Ya cae la tarde
en la orilla del mar.
Largas tertulias.
Teresa Vicente

Gente en la playa
sin relojes, sin horas,
pausa y quietud.
Clara Villarroya

Pilar Morales

# Haikus de la ova 1

De los nenúfares
podría tomar la ova
clases de estética.
José Luis Aguayo Albasini

Asfixia y sombra
nutren sueños de un pez
hoy moribundo.
Idoia Arbillaga

Algas marinas
reposando tranquilas
dañan la pesca.
Margarita Ayala

Se siente fea.
Quisiera parecerse
a una sirena.
Conchita Bayonas

Explosión verde,
herida que supura.
¿Alguien hará algo?
Ángeles Carnacea

Pelos de ángel…
Ovas filamentosas
del cementerio.
José Ángel Castillo

Una explosión
de egoísmo y miseria
hiende tu vida.
Vicente Cervera Salinas

Ovas marinas
dejan turbias las aguas
y al mar, herido.
Julio Ciller

Locos descuidos
destruyen mar y vida.
Manto de plantas.
Mª Jesús Ciller

Agua estancada
encallada en el fondo
¿muere o resurge?
Ana Cuesta Rico

Un alga intenta
sobrepasar las olas
por ver las nubes.
Fernando de la Cierva Bento

Inundaciones:
un estallido de ovas
enturbia el agua.
Aurora Gil Bohórquez

Lecho del mar,
verdes y ocres se agitan.
Día de invierno.
Mª Ángeles Gómez Ortigosa

Hongo marino,
ova, esperpento atómico,
destrucción lenta.
Noelia Jerónima Guillén Pardinez

Descontrolada,
la sutil alga verde
asfixia el mar.
María José Hernández Hernández

Crecen las ovas
como en ciclón perfecto
se ahoga el mar.
Raimundo Lara

Bosque abisal
enredos donde aovan
peces dichosos.
Josefina López

Haikus de la ova 2

Reminiscencias
de destrucción, un dios
insufla vida.
Milagros López


Mecen paisajes
bajo la isla del Ciervo
las aguas cálidas.
Francisco Javier López Martínez

Fondos de musgos
en verdes primaveras
de vida hundida.
Ramón López Palop

Un torbellino
escondido en el mar
inunda el fondo.
Mª Carmen Martínez Balibrea

Está tu fondo
turbio, sucio, letal...
obra del hombre.
Carmen Martínez Marín

Ovas volcánicas
ensoñando escapar
de su destino.
Romualdo Mateos Ramos

Algas no son,
que en Murcia no son algas
las verdes ovas.
Juan José Navarro Avilés

En aguas turbias
mares contaminados
la vida sigue.
Fernando Oliva Mompeán

Parece la ova
columna de humo espeso
buscando el cielo.
Alonso Palacios

Horror oculto,
la belleza se pudre
bajo las aguas.
Mª Carmen Piqueras

Criatura informe,
detente; no propagues
odres salivas.
Rosa Mª Regalado

Bajo la luz
mundo y vida. Reloj
de un tiempo en agua.
Emilio del Carmelo Tomás Loba

Ciclón marino,
ágata devorante,
ova infinita.
Raquel Vargas

Torre marina
se levanta en rugido
de oscuridad.
Gabriel Vegara

Gira gris la ova
en cálida corriente.
Visual tornado.
Teresa Vicente

Cintas flotando
quieren bailar alegres
a su compás.
Clara Villarroya

Entre las aguas
se propaga el rumor
de la belleza.
María José Villarroya

Bartolomé López Lucas

# Haikus de la encañizada 1

Encañizada,
roja de ira te muestras
por mil razones.
José Luis Aguayo Albasini

Del mar sus márgenes
fueron cerco vital,
hoy hueco estéril.
Idoia Arbillaga

Quiere el pintor
plasmar con sus pinceles
tanta belleza.
Conchita Bayonas

Un bello espejo
del que surge la vida
refleja el cielo.
Magdalena Cánovas Martínez

Un cerco extraño
sobre el mar encendido
de luces nuevas.
Ángeles Carnacea

Enamorados,
quedan presos los peces
entre las cañas.
José Ángel Castillo

Vuelan y nadan
y transmutan sus formas
ante tu asombro.
Vicente Cervera Salinas

Pesca artesana
y rosada, la mar.
Encañizadas.
Mª Jesús Ciller

Melancolía,
unidos cielo y mar,
pálida paz.
Ana Cuesta Rico

En el crepúsculo
se miran en el mar
las nubes rojas.
Fernando de la Cierva Bento

Trampa marina
dorado atardecer
testigo mudo.
Elena Fuentes

¡Festival de oro
en las encañizadas!
Se hace de noche.
Aurora Gil Bohórquez

Puesta de sol,
viejas encañizadas
cuentan historias.
Mª Ángeles Gómez Ortigosa

El cielo pinta
con pincel purpurino
el agua tibia.
Charo Guarino

Cruzan los peces
la encañizada trampa
de sombras lánguidas.
Noelia Jerónima Guillén Pardínez

Redes y cañas,
laberinto ancestral.
Poniente rosa.
María José Hernández Hernández

Quietud marina,
el azafrán de octubre.
Alma en llamas.
Juan Jordán

# Haikus de la encañizada 2

Queda atrapado
el fulgor sobre el mar.
¡Espejo, espejo!
Raimundo Lara

Encañizada
de ocaso rodeada
en azul cítrico.
Josefina López

El agua quieta
bajo el cielo rosado
tiene una trampa.
Francisco Javier López Martínez

Planta el color
y cosecharás mares
con arcos iris.
Ramón López Palop

Atardecer,
estallido de luz
en la laguna.
Mª Carmen Martínez Balibrea

El alba aclara
teñida de azafrán.
La encañizada.
Carmen Martínez Marín

Mar de cristal,
tus aguas se arrebolan
al fin del día.
Romualdo Mateos Ramos

La encañizada
atrapa los colores
que el cielo manda.
Juan José Navarro Avilés

Libérame hoy,
quiero besar las nubes,
reflejo dulce.
Mª Asunción Nuño Vázquez-Garza

Para la pesca
no hay mejor celada
que el copo mágico.
Fernando Oliva Mompeán

El arrebol
del cielo se refleja.
Es el ocaso.
Alonso Palacios

¿Dónde los magres,
las doradas doradas,
los caballitos?
Mª Carmen Piqueras

Rojizo cae
en la red, el poniente
encañizado.
Emilio del Carmelo Tomás Loba

Rosa y azul,
en el ocaso se unen
cielo con mar.
Raquel Vargas

Del río al mar,
tejedoras de embustes
y de paranzas.
Gabriel Vegara

Trampa de peces
en confusión mortal.
La vida muere.
Teresa Vicente

Cuando te mira,
la tarde se hace incendio.
Y todo es fuego.
María José Villarroya

# ~ VERANO ~

Teresa Arnal

**Haikus de las sombrillas 1**

De grata sombra
clavadas en la arena,
quietas peonzas.
José Luis Aguayo Albasini

Hay arcoíris
en todas las moradas,
mas no lo ven.
Idoia Arbillaga

Y de colores
toda la playa llena.
¡Es el verano!
Margarita Ayala

Bajo la sombra
imaginando historias
su mundo crea.
Conchita Bayonas

Pintan colores
del mar en las riberas
los parasoles.
Magdalena Cánovas Martínez

Un gran refugio.
Leer en una playa
bajo su sombra.
Ángeles Carnacea

¡Fieles sombrillas!...
Espartanos escudos
contra el dios Sol.
José Ángel Castillo

Tu sombra abraza
nuestros cuerpos de fuego
policromados.
Vicente Cervera Salinas

Flores geométricas
abiertas bajo el sol
llenan la playa.
Julio Ciller

Sombra y color
en la orilla tranquila
del Mar Menor.
Mª Jesús Ciller

Sobre la arena
albergue de colores,
refugio al sol.
Ana Cuesta Rico

Al sol se exponen,
palomas de colores
extienden alas.
Elena Fuentes

Con sol de plomo
se abren los quitasoles.
¡Benditas sombras!
Aurora Gil Bohórquez

Días de estío.
Sombrillas de colores.
Gozo en la playa.
Charo Guarino

Curvadas líneas
colorean la orilla.
¡Son una plaga!
Noelia Jerónima Guillén Pardínez

Baños eternos
y bajo la sombrilla
siempre la madre.
María José Hernández Hernández

Es agradable
el refugio sutil
de la sombrilla.
Raimundo Lara

# Haikus de las sombrillas 2

Los parasoles
con sabor a tortilla,
ojos al mar.
Josefina López

Como en el cielo
anillos y galaxias.
Así en la playa.
Francisco Javier López Martínez

Sombra en color
tapa lo que queremos
que el sol no vea.
Ramón López Palop

Un fiel escudo
de atrevidos colores
es la sombrilla.
Mª Carmen Martínez Balibrea

Color de arena
con ecos de agua clara.
Algarabía.
Carmen Martínez Marín

Feria en agosto.
Coloridas peonzas:
los parasoles.
Romualdo Mateos Ramos

Calor, color...
unidos junto al mar,
el Mar Menor.
Juan José Navarro Avilés

Grandes peonzas
permiten la lectura.
Vuelan las letras.
Mª Asunción Nuño Vázquez-Garza

En pleno estío
el mar de las sombrillas
cubre la playa.
Fernando Oliva Mompeán

Son las sombrillas
flores artificiales
cerca del agua.
Alonso Palacios

Frente al cobalto
florecen las costumbres
más veraniegas.
Rosa Mª Regalado

En sus orillas,
teselas de colores.
Por fin, ¡verano!
Francisco Ruiz-Villarroya

Sol, agua y brisa,
voces que van y vienen
entre sombrillas.
Emilio del Carmelo Tomás Loba

Bajo las sombras
sestean los turistas.
Eterno estío.
Raquel Vargas

Sombra de brisa
llega en solaz cobijo
junto a las olas.
Gabriel Vegara

Flor de color
en la orilla del mar
del sol protege.
Teresa Vicente

Toldos orondos,
protectores solares
tintando costa.
Clara Villarroya

Javier Plaza

# Haikus de las palmeras 1

Miran La Manga
las sombras que se arrastran
hasta la orilla.
José Luis Aguayo Albasini

Entre palmeras,
adivino tesoros
allá en la isla.
Conchita Bayonas

Altas palmeras
alargando su sombra
buscan el baño.
Magdalena Cánovas Martínez

Juego de sombras
de las que siempre callan
y lo ven todo.
Ángeles Carnacea

La tarde pinta
las palmeras que reptan
sobre la arena.
José Ángel Castillo

Hacia La Manga
se entremezclan las sombras
bajo tus cielos.
Vicente Cervera Salinas

Al horizonte,
dividen cielo y mar,
islas y bloques.
Julio Ciller

Pintan la playa:
ondas, islotes, casas
y negras palmas.
Mª Jesús Ciller

El ayer y el hoy:
horizonte vallado,
sombras perdidas.
Ana Cuesta Rico

El Mar Menor
tiene también un monstruo
del Lago Ness.
Fernando de la Cierva Bento

Al despertar
la lengua de La Manga
seguía allí.
Elena Fuentes

Tan tempranito
solo sombras de palmas
sobre la arena.
Aurora Gil Bohórquez

Azul turquesa,
anhelo de las sombras
que van al mar.
Mª Ángeles Gómez Ortigosa

Palmera en sombra
asoma entre la arena
por ver las olas.
Charo Guarino

Sombras valientes
la isla lejana miran
¿podrán nadar?
Noelia Jerónima Guillén Pardínez

En la otra orilla,
camuflado entre azules,
bulle el estío.
María José Hernández Hernández

Con los nitratos
se cultivan las sombras
de la avaricia.
Raimundo Lara

**Haikus de las palmeras 2**

Ni las palmeras
logran ensombrecer
tu calma lánguida.
Josefina López

Sutil acecha
deterioro implacable.
El blanco veta.
Milagros López

Sobre la arena
mar, la tierra, y el cielo.
Sombras cortadas.
Francisco Javier López Martínez

Me acerco a ti,
a través de las sombras
busco en tus aguas.
Ramón López Palop

Frente a la isla
duerme al sol la palmera
sobre la arena.
Juana J. Marín Saura

Azul remanso
que atrae mágicamente
a las palmeras.
Romualdo Mateos Ramos

Pobres palmeras...
no se pueden bañar,
solo sus sombras.
Juan José Navarro Avilés

Tu sombra negra
libélulas aladas
camino al mar.
Mª Asunción Nuño Vázquez-Garza

Sobre la arena
la sombra de gigantes
labrada a fuego.
Fernando Oliva Mompeán

De las palmeras
arañas gigantescas
tejen sus sombras.
Alonso Palacios

Torres terribles,
asfaltadas las dunas.
Fieras colmenas.
Mª Carmen Piqueras

Cuando el azul
si más azul, más cauto:
negras, las sierpes.
Rosa Mª Regalado

Atemporal,
el mar en calma roza
toda tu sombra.
Emilio del Carmelo Tomás Loba

También la palma
quiere darse descanso.
Baño y deseo.
Raquel Vargas

Azul de mar
mira al cielo cercado
por el cemento.
Gabriel Vegara

El Mar Menor,
la isla Mayor, La Manga
¡Cuánta belleza!
Teresa Vicente

Sueña la arena
con un pecho tatuado
de altas palmeras.
María José Villarroya

Aurora Gil Bohórquez

# Haikus de la puesta de sol 1

El sol se va,
la familia bendice
el fin del día.
José Luis Aguayo Albasini

Aún no ha muerto.
Aún no hay salvación.
¿Dónde esperanza?
Idoia Arbillaga

Gran esperanza
en un mar de peligro,
de vida lleno.
Margarita Ayala

Quizá algún día
lleguen a realizarse
todos sus sueños.
Conchita Bayonas

Enamorados
observando el fulgor
del sol poniente.
Magdalena Cánovas Martínez

Sol a lo lejos.
Otro mar silencioso
y su misterio.
Ángeles Carnacea

El sol contempla
nuestros rostros unidos
por la nostalgia.
Vicente Cervera Salinas

El sol se marcha
prendiendo la nostalgia
en sus miradas.
Julio Ciller

El sol se oculta,
anhelos de regreso
al otro lado.
Mª Jesús Ciller

Cae la tarde
juntos en la penumbra
la luz renace.
Ana Cuesta Rico

El sol se marcha,
perezosos sus rayos,
hasta otro día.
Fernando de la Cierva Bento

La lejanía.
Junto al mar, añoranzas.
Adiós al sol.
Mª Ángeles Gómez Ortigosa

Adiós al día
y la esperanza puesta
en el mañana.
Charo Guarino

Miran el mar
y vuelan sus recuerdos
hasta otra playa.
María José Hernández Hernández

Hallar un punto,
luz en el horizonte.
¡Felicidad!
Raimundo Lara

Ante el crepúsculo
nostalgia en este mundo
de la otra orilla.
Josefina López

Llegarán como
nosotros, sed y sueños,
serán vid nueva.
Milagros López

# Haikus de la puesta de sol 2

Mirando al sol
olvidan el pasado.
Sólo futuro.
Francisco Javier López Martínez

El sol se pone
igual que allá, muy lejos,
en otros mares.
Ramón López Palop

Las esperanzas
traspasaron fronteras
y algunos mares.
Mª Carmen Martínez Balibrea

El mar en medio.
La familia entreteje
sueños de seda.
Romualdo Mateos Ramos

Mirando al mar,
prometen a su tierra
que volverán.
Juan José Navarro Avilés

Desde la orilla
les trae el horizonte
vida, recuerdos.
Mª Asunción Nuño Vázquez-Garza

Con esperanza
las familias unidas
ven el ocaso.
Fernando Oliva Mompeán

Esta familia
¿añorará su mar
o su desierto?
Alonso Palacios

Crees que has llegado
y te encuentras de nuevo
en la salida.
Mª Carmen Piqueras

Las vulnerables
aguas, los rostros nuevos:
retos al sol.
Rosa Mª Regalado

Matinal brisa,
acaricias mi rostro
emocionado.
Francisco Ruiz-Villarroya

Ellos miraron
también como otros antes…
Vida y ocaso.
Emilio del Carmelo Tomás Loba

Allá a lo lejos
recuerda el horizonte
mar infinito.
Raquel Vargas

La travesía
y recuerdos lejanos.
Melancolía.
Gabriel Vegara

Y todos miran
hacia tierras lejanas.
Tristeza grande.
Teresa Vicente

Un punto fijo,
seis seres suspirando,
doce ojos ven.
Clara Villarroya

El sol se marcha
y deja la añoranza
al descubierto.
María José Villarroya

Ana Bernal

# Haikus de la muchacha 1

Es nuestro mar,
de paisajes y cuerpos,
doble belleza.
José Luis Aguayo Albasini

Va caminando
quien quiso ser sirena
de canto dulce.
Margarita Ayala

Corazonada.
La barca de su amado
está al llegar.
Conchita Bayonas

Estampa bella,
Venus del Mar Menor
surge del agua.
Magdalena Cánovas Martínez

Los pies ocultos,
bañados por el agua
de luz violeta.
Ángeles Carnacea

Violeta y glauco,
me sumerjo en tu cielo
turquesa y malva.
Vicente Cervera Salinas

Mira una joven
la infinitud del mar
en el crepúsculo.
Julio Ciller

Joven ardiente
sobre ondas abrasadas
sueña el mañana.
Mª Jesús Ciller

Surgen las islas
tras el perfil chinesco
de la bañista.
Fernando de la Cierva Bento

Tarde violeta
una joven se asombra
del espectáculo.
Aurora Gil Bohórquez

Mar encendido.
Saeta en la penumbra,
esbelta y sola.
Mª Ángeles Gómez Ortigosa

Surge Afrodita
en un mar color vino
como el de Homero.
Charo Guarino

Hedoné trae
dulces sombras y anhelos.
¡Adiós, marinos!
Noelia Jerónima Guillén Pardínez

Última imagen
de un verano que acaba.
Violeta ocaso.
María José Hernández Hernández

Perfil de Ángela,
de soslayo contemplo...
Viene mi invierno.
Juan Jordán

Atardeceres
en pose de flamenco.
La vida es bella.
Raimundo Lara

Bóveda en malva
las miradas se pierden
en el mar chico.
Josefina López

# Haikus de la muchacha 2

Son las cinco islas
herradura de vida,
canto de sal.
Milagros López

El agua tiembla
y el cielo se enrojece
con cada paso.
Francisco Javier López Martínez

Sombra salada.
Sabores de mujer
en tarde grana.
Ramón López Palop

Atardecer
fundido de color
que tiñe el mar.
Mª Carmen Martínez Balibrea

Una sirena,
relata la leyenda,
se paseaba.
Carmen Martínez Marín

Y en el crepúsculo,
del mar surge la diosa
y el agua riela.
Romualdo Mateos Ramos

Un cuerpo bello
con un bello paisaje,
en armonía.
Juan José Navarro Avilés

Atardeceres.
La mirada perdida
al horizonte.
Fernando Oliva Mompeán

Una muchacha
camina sobre el agua
como un milagro.
Alonso Palacios

Noche serena,
se ríen las estrellas.
¿Será de mí?
Mª Carmen Piqueras

Embaucadora,
la tarde juega el juego
de la apariencia.
Rosa Mª Regalado

Atardecer.
*Collige virgo rosas*
que el barco marcha.
Emilio del Carmelo Tomás Loba

Sol violáceo.
Venus del Mar Menor.
Belleza viva.
Raquel Vargas

Y el dios Urano
fecundó el Mar Menor
en luz de ocaso.
Gabriel Vegara

En cálido mar
apetece bañarse
cuando atardece.
Teresa Vicente

Un mar en calma.
Mujer contrasta el rosa,
su pie hace ondas.
Clara Villarroya

Queda Penélope
esperando el retorno
de los navíos.
María José Villarroya

~ OTOÑO ~

Carmen Martínez Marín

# Haikus de los veleros 1

Llega la tarde,
fondean los veleros.
Toca descanso.
José Luis Aguayo Albasini

Barcos anclados
esperando que lleguen
sus marineros.
Margarita Ayala

Fondean barcos,
maravilloso cuadro,
pintor divino.
Magdalena Cánovas Martínez

En esa calma,
silenciosos y quietos
mientras esperan.
Ángeles Carnacea

Velas arriadas…
alas de juventud
del aire presas.
José Ángel Castillo

En la laguna
los mástiles anuncian
la madrugada.
Vicente Cervera Salinas

Duermen tres barcos
con las velas arriadas.
Mar y montaña.
Julio Ciller

Unos veleros
esperan nuevos rumbos
por limpias aguas.
Mª Jesús Ciller

Tres vigilantes
anclados en el tiempo
velando al mar.
Ana Cuesta Rico

Tras la frontera
de corchos recosidos
duermen tres barcos.
Fernando de la Cierva Bento

Barcos piratas,
serpientes cercadoras,
del mar soldados.
Elena Fuentes

Sobre las aguas
en bandeja de plata
duermen las barcas.
Charo Guarino

Altos vigías
aguardan solitarios
danzantes velas.
Noelia Jerónima Guillén Pardínez

Bruma de otoño.
Un rosario de boyas
junto a tres barcos.
María José Hernández Hernández

Naves varadas,
sin las brisas de abril…
Mas yo hoy me voy.
Juan Jordán

La trinidad
aguarda su llegada
besando el mar.
Raimundo Lara

En el mar manso
echan anclas las naves,
duermen las velas.
Josefina López

# Haikus de los veleros 2

Mar Menor, cepa,
sinfonía de mástiles
acuna infancia.
Milagros López

A dónde irán
los puntos suspensivos...
El mar se calla.
Francisco Javier López Martínez

Esperas velas
para saltar los límites
al mar abierto.
Ramón López Palop

Barcos en orden,
otoño de mástiles,
la bruma lejos.
Juana J. Marín Saura

Remanso y paz
en días de verano,
calma anhelada.
Mª Carmen Martínez Balibrea

Perfil de costa
es la calma en la orilla
hojas de otoño.
Carmen Martínez Marín

Todo es quietud.
La estación ha cambiado.
El gris se impone.
Romualdo Mateos Ramos

Entre los grises
de la tarde otoñal,
todo descansa.
Juan José Navarro Avilés

Tarde con bruma,
anclados mis deseos
al barlovento.
Mª Asunción Nuño Vázquez-Garza

Mañanas plácidas
con los barcos meciéndose
en su fondeo.
Fernando Oliva Mompeán

Solo tres yates.
Las montañas, al fondo,
guardan el mar.
Alonso Palacios

Mi bajel yace
acunado por Céfiro.
Velas arriadas.
Francisco Ruiz-Villarroya

La quietud reina
estival en silencio.
Barcos que duermen.
Emilio del Carmelo Tomás Loba

Anclan los sueños
los barcos en otoño,
en soledad.
Gabriel Vegara

Redes y boyas.
Y veleros inmóviles.
Montañas grises.
Teresa Vicente

Collar de cuentas
amarillas flotando,
delimitando.
Clara Villarroya

Debes saber
que en Ítaca también
duerme la pena.
María José Villarroya

Mª José Villarroya

**Haikus del molino 1**

Viudas las aspas
desplegadas al viento,
llora el molino.
José Luis Aguayo Albasini

El pan del tiempo
–de un mundo que va a ser–
amasa estíos.
Idoia Arbillaga

Blancos molinos,
molinos salineros
de mar,  molinos.
Margarita Ayala

A caballito
con el viejo molino,
juega la nube.
Conchita Bayonas

Viejo molino
renueva con sus aspas
los corazones.
Magdalena Cánovas Martínez

Se fue el molino,
mas quedaron los versos
de Carmen Conde.
José Ángel Castillo

Aún te espero
a los pies del molino:
las nubes callan.
Vicente Cervera Salinas

Molino viejo.
Cerca, baños de lodo.
Olor a sal.
Julio Ciller

Gigante herido
de aspas desvencijadas.
Huellas del tiempo.
Mª Jesús Ciller

No mueles sal.
Tus velas ya no giran
aire callado.
Ana Cuesta Rico

Quijote de agua
buscando por San Pedro
Sanchos de sal.
Elena Fuentes

Ya no se muele
en el viejo molino
sal salinera.
Aurora Gil Bohórquez

Aspas vacías,
esqueletos del tiempo,
viejo molino.
Mª Ángeles Gómez Ortigosa

Viejo molino
testigo de un pasado
en que vivías.
Charo Guarino

Gigante sueña
quijotescas hazañas
¡venid que os salvo!
Noelia Jerónima Guillén Pardínez

Desnudas aspas
ya sin blanco velamen.
Olor a sal.
María José Hernández Hernández

Están calladas
las ventanas y puertas:
guardan el tiempo.
Raimundo Lara

**Haikus del molino 2**

Aspas exhaustas
sed de viento salino
ante el destierro.
Josefina López

Doble camino
mi sangre: red y trigo,
La Mancha y mar.
Milagros López

Se quedó quieto
el cansado molino.
Cuenta las aspas.
Francisco Javier López Martínez

De qué batalla
el molino sin velas
Quijote blanco.
Juana J. Marín Saura

Es la Puntica,
donde el molino cierra
nuestra laguna.
Mª Carmen Martínez Balibrea

Llega el Levante.
Molino salinero.
Sal de la vida.
Carmen Martínez Marín

El tiempo pasa,
y el salitre marino
su labor cumple.
Romualdo Mateos Ramos

Agua salada
tu sed calmó antaño.
Hoy un recuerdo.
Mª Asunción Nuño Vázquez-Garza

No es un gigante,
el buen Sancho diría
a Don Quijote.
Alonso Palacios

Desvencijarse,
reconocerse escombro,
casta de olvido.
Rosa Mª Regalado

Vientre salino;
el legado y sustento
de mis abuelos.
Francisco Ruiz-Villarroya

Agazapada
continúa en la piedra
la sal del tiempo.
Emilio del Carmelo Tomás Loba

Antes molienda,
aspas cortando nubes,
viejo molino.
Raquel Vargas

La sutileza
del tiempo ensordeció
tus quehaceres.
Gabriel Vegara

El molino albo
ve el mar y las salinas.
Mastica sal.
Teresa Vicente

Viejo molino,
siguen moviendo nubes
tus aspas rotas.
Clara Villarroya

Para tus aspas
besos de sal y viento,
de nube y mar.
María José Villarroya

Marian Calero

# Haikus de los días de fiesta 1

Ocaso o alba,
las dos jóvenes saltan
plenas de gozo.
José Luis Aguayo Albasini

Aquí nacieron
veranos de lo eterno,
primera infancia.
Idoia Arbillaga

¡Qué libertad!
Saltando frente al mar
unas acróbatas.
Margarita Ayala

Al despedirse,
les llena de energía
el astro sol.
Conchita Bayonas

Atardecer.
Volando sobre el mar
bellas gaviotas.
Magdalena Cánovas Martínez

Un contraluz,
un instante de dicha.
Tarde de otoño.
Ángeles Carnacea

Las niñas saltan.
Dorando el agua mansa,
el sol se marcha.
José Ángel Castillo

Cuando la vida
fecunde tus entrañas,
remontaremos.
Vicente Cervera Salinas

Miran al mar
contagiando alegría
con sus piruetas.
Julio Ciller

Saltan las olas
dos siluetas felices.
Un buen comienzo.
Mª Jesús Ciller

Se marcha el sol,
lanza el mar el hechizo
del aquelarre.
Fernando de la Cierva Bento

Coger altura
y bajar como el sol;
cuando atardece.
Eva Garrido Samper

Complicidades
¡qué piruetas al sol
las dos amigas!
Aurora Gil Bohórquez

Amanecer.
El mar se viste de oro,
saltos y risas.
Mª Ángeles Gómez Ortigosa

Celebra el día
con su broche de ámbar
un nuevo ocaso.
Charo Guarino

Cálido día,
brotas con esperanzas,
saltos y risas.
Noelia Jerónima Guillén Pardínez

Reinas en danza,
sol vivo del estío...
¡David y el Arca!
Juan Jordán

Haikus de los días de fiesta 2

Busca lo efímero
la juventud robada
en un instante.
Raimundo Lara

Con todo el júbilo
de la osadía joven
sucumbe el día.
Josefina López

Con un impulso
vencen la gravedad.
Sueño en el aire.
Francisco Javier López Martínez

Repetiremos
bajo todos los soles
los mismos gestos.
Ramón López Palop

Días dorados
cuando el sol de la tarde
desaparece.
Mª Carmen Martínez Balibrea

Saltos al mar
la libertad sin precio.
En el crepúsculo.
Carmen Martínez Marín

Son las sirenas
que, al declive del sol,
llaman a incautos.
Romualdo Mateos Ramos

Puesta de sol
y alegre juventud
en nuestro mar.
Juan José Navarro Avilés

Vuelan las piernas
para alcanzar un cielo
de luz brillante.
Mª Asunción Nuño Vázquez-Garza

Sobre la playa
el salto jubiloso
de juventud.
Fernando Oliva Mompeán

Parecen pájaros
estas niñas jugando
cerca del agua.
Alonso Palacios

Parte del duelo
es bendecir el aire
siendo alegría.
Rosa Mª Regalado

Saltamos. Tiempo
ha, quedó atrás ayer…
tal vez nosotros.
Emilio del Carmelo Tomás Loba

El sol que rompe.
Siluetas en pulsión.
Viven los jóvenes.
Raquel Vargas

Saltar al aire.
Zambullirse en el agua.
Abrir el alma.
Teresa Vicente

Un doble salto,
júbilo contagioso.
Al fondo el sol.
Clara Villarroya

De tarde en tarde
nos vence la alegría,
como en la infancia.
María José Villarroya

Manuel Juan de Larrea

# Haikus del balneario 1

Los balnearios,
de su antigua solera
ya poco queda.
José Luis Aguayo Albasini

Noche que enciende
recuerdos luminosos:
tu beso en mí.
Idoia Arbillaga

El balneario
testigo del pasado
esbelto sigue.
Margarita Ayala

Anocheciendo,
tranquilo el balneario.
por fin descansa.
Conchita Bayonas

Anclado al agua,
gozaba de amores
el balneario.
Magdalena Cánovas Martínez

Llantos del tiempo
son los graves crujidos
de sus maderas.
José Ángel Castillo

Fulgor de luces
en un puerto pesquero.
Baño nocturno.
Julio Ciller

Brilla el paseo
y luce el balneario.
Rincón costero.
Mª Jesús Ciller

Al mar en calma
lo pisan las maderas
con elegancia.
Fernando de la Cierva Bento

Noche que cubre
el Santuario del mar.
La luz estalla.
Elena Fuentes

Noche de octubre
¡qué solo queda el pueblo
y el Balneario!
Aurora Gil Bohórquez

Hambre de luz,
noche en el Mar Menor.
Caen estrellas.
Mª Ángeles Gómez Ortigosa

La noche llega.
El mar refleja luces,
un manto el cielo.
Charo Guarino

Coqueto baño
enseña su arte antiguo
luz de alba y noche.
Noelia Jerónima Guillén Pardínez

Aún resuenan
dentro del balneario
voces y risas.
María José Hernández Hernández

Luces de playas,
efímeros latidos
¡Abre tu abril!
Juan Jordán

Cae la tarde.
El agua se ilumina
en Los Alcázares.
Raimundo Lara

# Haikus del balneario 2

La puerta al mar
en la noche encendida
arrullos de agua.
Josefina López

Noche de ausencia,
fue náutico el origen,
raíz y… madre.
Milagros López

Por si se moja
camina sobre zancos
el balneario.
Francisco Javier López Martínez

Casas flotantes
que guardan el recuerdo
de usos distintos.
Ramón López Palop

Bello testigo
frente al ocaso firme.
Luz  y recuerdo.
Juana J. Marín Saura

Los caballitos
se duermen en el mar,
sueña la niña.
Mª Carmen Martínez Balibrea

Llega la noche,
luz de calma en el mar.
El balneario.
Carmen Martínez Marín

Guarda su encanto,
sobre la mar callada,
el balneario.
Romualdo Mateos Ramos

Es una pena...
de aquellos balnearios
ya pocos quedan.
Juan José Navarro Avilés

Si abres tu puerta,
dejas salir los sueños
de mi niñez.
Mª Asunción Nuño Vázquez-Garza

Pescar chirretes
bajo aquellos pilotes
del balneario.
Fernando Oliva Mompeán

El balneario,
promesa de salud,
sigue imponente.
Alonso Palacios

Plegaria de agua.
Se le implora a la noche
mejores días.
Rosa Mª Regalado

Evita el agua
plataforma de luz
el balneario.
Raquel Vargas

El palafito
anhela luz y voces
en el otoño.
Gabriel Vegara

Noche de magia.
La playa silenciosa
transmite calma.
Clara Villarroya

Como luciérnagas,
como sueños de luz,
magia en las noches.
María José Villarroya

# ~ INVIERNO ~

José M. Caballero Fernández-Rufete

Haikus de las aves 1

Buril del tiempo,
¡espejea en mis aguas,
otro minuto!
Idoia Arbillaga

De mar, reflejos,
espejo transparente,
simpar belleza.
Margarita Ayala

Es bailarina
de ballet marinero
sin partitura.
Conchita Bayonas

La cigüeñuela
se contempla en el agua
embelesada.
Magdalena Cánovas Martínez

El agua, espejo
del ave solitaria
y de su asombro.
Ángeles Carnacea

Por la albufera,
va buscando sus larvas
la cigüeñuela.
José Ángel Castillo

Busco algún cuerpo
y mi ser se estremece
en su reflejo.
Vicente Cervera Salinas

La cigüeñuela
reflejo solitario
no más cortejos.
Ana Cuesta Rico

Como Narciso
encima de unos zancos
se mira el pico.
Fernando de la Cierva Bento

Ave de espejo
hunde sus patas largas
en la laguna.
Elena Fuentes

Arena opaca
que se torna reflejo
en aguas calmas.
Eva Garrido Samper

De tanto en tanto
pica la cigüeñuela
en su reflejo.
Aurora Gil Bohórquez

La cigüeñuela,
en espacio ilusorio,
se asoma al cielo.
Mª Ángeles Gómez Ortigosa

Zancuda observa
atenta por la orilla
¡sal y manjares!
Noelia Jerónima Guillén Pardínez

Salitres aguas.
La esbelta cigüeñuela
busca sustento.
María José Hernández Hernández

Con mucho afán
busca la cigüeñuela
picando el mar.
Raimundo Lara

Como Narciso
en la clara laguna
mi retrato amo.
Josefina López

**Haikus de las aves 2**

Persiste frágil
criatura a su reflejo,
así nosotros.
Milagros López

¿A quién miramos
en esas superficies
de los espejos?
Ramón López Palop

En su reflejo
la cigüeña se mira
espejo ella.
Juana J. Marín Saura

Ave de paso,
biodiversidad
en Las Salinas.
Mª Carmen Martínez Balibrea

Es la garceta
quien reposa elegante
en su reflejo.
Carmen Martínez Marín

La cigoñuela,
al bajar la marea,
pica su imagen.
Romualdo Mateos Ramos

Es tu reflejo
descanso en el paseo
de la mañana.
Mª Asunción Nuño Vázquez-Garza

La cigüeñuela
esbelta y elegante
busca alimento.
Fernando Oliva Mompeán

La cigüeñuela
se mira en el espejo
de la laguna.
Alonso Palacios

Advenimiento.
Premonición alada.
¿Quizá principio?
Rosa Mª Regalado

Ave de paso,
reposa de tu viaje
entre mis cañas.
Francisco Ruiz-Villarroya

Tu yo interior,
reflejando mañanas
cuya ave fuiste.
Emilio del Carmelo Tomás Loba

Mira su imagen
Puntiaguda zancuda
Mar de salinas
Raquel Vargas

La cigüeñuela
repiquetea besos
¡tan narcisistas!
Gabriel Vegara

La húmeda arena
refleja la zancuda.
Mira curiosa.
Teresa Vicente

Entre aire y mar,
el ave ve su rostro
algo borroso.
Clara Villarroya

Un espejismo
pensar que a ti vendrá
tu otra mitad.
María José Villarroya

Xiao Liang Ji

# Haikus del pescador 1

Humana sombra
entre el mar y cielo
pesca flotando.
Magdalena Cánovas Martínez

El mar y un hombre.
Cada soledad, única,
inexplorable.
Ángeles Carnacea

Tensa es la calma
cual si nada ocurriese.
Y el tiempo pasa.
José Ángel Castillo

Sobre las aguas
caminabas sin redes
cada mañana.
Vicente Cervera Salinas

Un azul pálido
envuelve al pescador
laguna adentro.
Julio Ciller

Solo, en silencio,
sumergido en la nada,
atrapa su alma.
Mª Jesús Ciller

Bajo el tapiz
tranquilidad serena
no siento nada.
Ana Cuesta Rico

Surge del agua
un esgrimista armado
con su florete.
Fernando de la Cierva Bento

En mar levita
pescador-astronauta,
lunar paciencia.
Elena Fuentes

Día de pesca
no importa el aire frío
ante el silencio.
Aurora Gil Bohórquez

El mar y el cielo,
cual geoda que guarda
una figura.
Mª Ángeles Gómez Ortigosa

Solitaria figura
en medio de las aguas
levita ingrávida.
Charo Guarino

Sobre las aguas
desdibujada sombra
¿camina o vuela?
Noelia Jerónima Guillén Pardínez

Entre la boria
que funde cielo y mar,
alguien pescando.
María José Hernández Hernández

Último pez,
lontananza difusa…
Vuelvo a casa.
Juan Jordán

El mar es lienzo,
el pescador, pupila.
Luces y sombras.
Raimundo Lara

Siempre la sombra
horada con herrumbre
vacío y luz.
Milagros López

# Haikus del pescador 2

Hilo afilado
y soledad paciente.
Tarde sin tiempo.
Francisco Javier López Martínez

Estamos solos
esperando la pesca
de nuestra vida.
Ramón López Palop

La mar serena
en soledad un hombre
alas de pesca.
Juana J. Marín Saura

Pesca soñada
de doradas lubinas,
paciente espera.
Mª Carmen Martínez Balibrea

Lejana imagen
donde ella quiere estar:
entre la bruma.
Carmen Martínez Marín

El pescador
se pierde entre el azul
del mar y el cielo.
Juan José Navarro Avilés

Volar parece
subido en una nube,
¿pescará algo?
Mª Asunción Nuño Vázquez-Garza

La buena pesca
seduce y reconforta
en solitario.
Fernando Oliva Mompeán

El mar y el cielo
dan imagen de nieve.
El Mar Menor.
Alonso Palacios

Hablando sola,
dialogas con su ausencia.
Muda respuesta.
Mª Carmen Piqueras

Pesca de altura:
el anzuelo hasta el fondo
de tu memoria.
Rosa Mª Regalado

Brotas al alba,
trazando tu perfil
al lienzo azul.
Francisco Ruiz-Villarroya

Tan solo es eso,
la vida… la mañana,
fortuna y pesca.
Emilio del Carmelo Tomás Loba

Un hombre pesca
en el gélido mar.
Lejano estío.
Raquel Vargas

Calmoso mar,
pescador solitario,
paz, armonía.
Teresa Vicente

Hombre pescando
entre líneas azules,
figura en gris.
Clara Villarroya

Sin compañía
nos sobrecoge el mar
con su silencio.
María José Villarroya

Joaquín Molina Multiterno

Haikus de la calma 1

Perla del mar,
en tus aguas tranquilas
nadie se baña.
José Luis Aguayo Albasini

Y entre las islas
en el bote pescando,
el tiempo pasa.
Margarita Ayala

Abandonada.
Sin capitán al mando
quedó la barca.
Conchita Bayonas

Lago salado
espejo de la luna,
divina calma.
Magdalena Cánovas Martínez

Llegó el invierno.
El pájaro y la barca,
cómplices mudos.
Ángeles Carnacea

Postal sencilla,
una barca medita
y el agua brilla.
José Ángel Castillo

Suaves las ondas,
mis soledades claman
al horizonte.
Vicente Cervera Salinas

Rompe el silencio
un tímido vaivén
de un barco preso.
Julio Ciller

Laguna inerte.
No habitan caballitos,
selva sin fauna.
Ana Cuesta Rico

El mar un plato.
Servido el desayuno,
el ave come.
Fernando de la Cierva Bento

Aguas vibrantes
que abrazan el silencio
de la templanza.
Eva Garrido Samper

Con qué cuidado
elige la garceta
su desayuno.
Aurora Gil Bohórquez

Colores fríos,
amanece en el mar.
Duerme la barca.
Mª Ángeles Gómez Ortigosa

Cual acuarela
un Mar Menor de ensueño.
Aguas serenas.
Charo Guarino

La barca posa,
calma azul e infinita.
¡Detén el tiempo!
Noelia Jerónima Guillén Pardínez

Sólo una barca
en un mar ya cansado.
Todo es silencio.
María José Hernández Hernández

Abandonada,
ocluido el otoño,
libro amarras.
Juan Jordán

**Haikus de la calma 2**

El mar calmado
acuna el barquichuelo
entre sus aguas.
Raimundo Lara

La barca espera
que del sueño de cielo
despierte el mar.
Ramón López Palop

Mar remansado.
Barca sola y pequeña.
Sueño de islas.
Juana J. Marín Saura

Como cristal
surge un bello espejismo…
un paraíso.
Mª Carmen Martínez Balibrea

Los pescadores…
barcos al pairo están,
sin navegar.
Carmen Martínez Marín

Calma infinita.
El Mar Menor nos muestra
su pura esencia.
Romualdo Mateos Ramos

Vente en mi barca,
tendremos una isla
como morada.
Juan José Navarro Avilés

Tu barca esconde
las tardes de verano.
Besos y pesca.
Mª Asunción Nuño Vázquez-Garza

Es la garzeta
la mejor pescadora
del litoral.
Fernando Oliva Mompeán

Bruma en el lago,
náufrago barco triste.
Triste fantasma.
Mª Carmen Piqueras

Huelga de azules,
paisaje desmentido:
glauca acuarela.
Rosa Mª Regalado

Pesquera barca,
aguardando paciente.
Argenta calma.
Francisco Ruiz-Villarroya

Soledad fría
abandona la barca
plomizo gris.
Raquel Vargas

Este silencio
de mar en ondas viene
de gris quietud.
Gabriel Vegara

Tu barca anclada
en la Isla del Barón.
El mar en calma.
Teresa Vicente

El horizonte.
Arriba cielo triste,
abajo calma.
Clara Villarroya

Soy un olvido
que ha quedado varado
entre tus aguas.
María José Villarroya

José D. Riquelme

# Haikus de la tormenta 1

Se quedó solo
bajo los nubarrones
el balneario.
José Luis Aguayo Albasini

Siempre al final,
más allá de lo oscuro:
se abre la luz.
Idoia Arbillaga

Gran pasarela
es cruce de caminos
mar y tierra.
Margarita Ayala

La puerta cierra
el final del camino.
¿Habrá salida?
Conchita Bayonas

Dirigiéndose
a la puerta del cielo
nuevo camino.
Magdalena Cánovas Martínez

Tablas saladas,
reliquias de unos baños
del buen recuerdo.
José Ángel Castillo

La flecha apunta
al oscuro horizonte
de la tormenta.
Vicente Cervera Salinas

Se nubla el cielo
sobre la pasarela
de un mar sin fin.
Julio Ciller

Tras el portal,
al final del camino,
tormenta oscura.
Mª Jesús Ciller

Solo tristeza
realidad o sueño
todo es mentira.
Ana Cuesta Rico

Entre zigzags
se adentra el balneario
en el otoño.
Fernando de la Cierva Bento

Al terciopelo
puente azul de tormenta
zigzagueando.
Elena Fuentes

Suenan los truenos
nadie baja a los muelles
en la borrasca.
Aurora Gil Bohórquez

Bajo tormentas,
camino de madera
se adentra al mar.
Mª Ángeles Gómez Ortigosa

Tras la tormenta
un camino en las aguas
alumbra el cielo.
Charo Guarino

Lucha de azules
sosiego geométrico
galerna a proa.
Noelia Jerónima Guillén Pardínez

Bajo el relente,
la nueva pasarela.
Empeño vano.
María José Hernández Hernández

# Haikus de la tormenta 2

Senda y madera,
la promesa en enero…
Tu azul espero.
Juan Jordán

Embarcadero
con las nubes al fondo…
El final cerca.
Emilio del Carmelo Tomás Loba

En nuestra playa
el sendero crujiente
pasos ausentes.
Josefina López

Aquella carta,
promesa de regreso,
nunca llegó.
Milagros López

A cada paso
el camino se quiebra
en apariencia.
Francisco Javier López Martínez

Era verano
y nuestras risas jóvenes.
El balneario…
Juana J. Marín Saura

Se abre un camino
entre grises y negros
del mar oscuro.
Mª Carmen Martínez Balibrea

Son de tormenta.
Rondan nubes muy negras
la pasarela.
Carmen Martínez Marín

Un mar de estaño,
¿resignado a su suerte?,
nos pide ayuda.
Romualdo Mateos Ramos

¡Un balneario
nos lleva al horizonte,
vengan y vean!
Juan José Navarro Avilés

Lápiz marino
dibujo con tus tablas
salados lienzos.
Mª Asunción Nuño Vázquez-Garza

Son un asombro
las figuras geométricas
del espigón.
Fernando Oliva Mompeán

Fuera del tiempo
un vaivén de habaneras.
Virgen del Carmen.
Mª Carmen Piqueras

Cielo asustado:
El mar nocturno exhala
trece venenos.
Rosa Mª Regalado

En el invierno
caminos de madera
esperan vida.
Raquel Vargas

El cielo oscuro
vaticina tormenta
en Los Urrutias.
Clara Villarroya

Hondas tinieblas
se adueñaron del mar.
Y de los hombres.
María José Villarroya

# EL RAPTO DEL HAIJIN
## (tan sencillo como amar y respetar el Mar Menor)

«A la mañana siguiente ya era yo otro hombre»
Benito Pérez Galdós

*En 'La Primera República' (1911), obra incluida en la Serie Final de los 'Episodios Nacionales' [En el verano de 1873 el insigne escritor gozó en el Mar Menor de unos días reparadores en la isla Mayor o isla del Barón, donde vino a entonarse tras una temporada con flojera muscular].*

El mar argénteo que un día conocí era de belleza instantánea. En el primer parpadeo podía darse el rapto. La estela de una nube de chirretes me rodeaba sin avisar para que pudiera danzar con ellos. Un cormorán caía en picado en la línea del horizonte y emergía con vida en el pico a mayor velocidad que los aviones de entrenamiento de la Patrulla Águila. Ah, y antes de desprenderme de las gafas de buceo lloraba de alegría, como Rafaela Aparicio en *Mamá cumple 100 años* (Carlos Saura, 1979), por haberme cruzado con una pareja de caballitos allá donde yo ya no hacía pie.

Entonces no sabía que todo aquel mundo acuático formaba parte de un ecosistema único y frágil, como una gran balsa de seda, ni que el cambio de siglo, con todos sus adelantos y sus modernidades, iba a subvertir su naturaleza. Si era un Lugar de Importancia Comunitaria, ¿cómo es que los que alzaban la voz de alarma ante los primeros avisos de peligro fueron malvadamente desoídos? ¡Son cosas que los niños no pueden entender!

Aprendí que la hermosura es fugaz, como los sueños. Es algo que cada uno descubre en algún momento. Desde Punta de Algas hasta «nuestro Monte Fuji», como denomina al Carmolí un auténtico pintor de aires como Paco Cánovas, hoy, como ayer, en un barrido fotográfico cabe todo. Aquellos maravillosos veranos, desde las solitarias charcas de La Hita, cualquiera registraba la geometría variable de La Manga de un extremo a otro, las simpáticas jorobas de la isla Perdiguera atravesadas por velas de campeonato y al fondo de la escena la sierra que absorbía el eco triste de los últimos mineros. Coordenadas de un triángulo inédito que para mí siempre tuvo el mágico pintoresquismo que encontraron los impresionistas en la sagrada montaña de Sainte-Victoire. Ha pasado tanto, tanto tiempo… Aquel Mar Menor donde todos nos hicimos mayores solo pedía ser amado y defendido.

¿Volverán aquellos instantes de palmaria felicidad? Amores nuevos han venido al rescate de los más virginales recuerdos en este hermosísimo libro de haikus* en el que hay una conciencia sostenida. Un conjunto de voces claras y empoderadas que proclaman lo vivido, lo recapacitado, lo sugerido, lo perdido… y también todo lo implorado… por esos repetidos episodios de eutrofización y otros desequilibrios que aguachinan su sino, y del que depende también el nuestro.

El Mar Menor de nuestros *haijines* es el espacio mejor protegido de nuestra memoria colectiva. Mientras no llegue su completa recuperación, mientras no aseguremos su regeneración, sentiremos que hemos fracasado como sociedad. No creamos que todas esas palabras cargadas de verdad y, en el fondo, de inocencia son cantos de sirena. Las fotografías de Aíta Salinas, Ana Bernal, Bartolomé López Lucas, Carmen Martínez Marín, Clara Villarroya, Isabel Rubio, Javier Plaza, José D.

Riquelme, José María Caballero, Marian Calero, María José Villarroya, Manuel de Larrea, Pilar Morales, Teresa Arnal, Joaquín Molina, Xiao Liang Ji y Aurora Gil Bohórquez no engañan.

Manuel Madrid
Periodista
Jefe del área de Culturas y Sociedad
de LA VERDAD

* *Coda (a modo de agradecimiento)*: Si en la Región de Murcia hay una familia tan grande de lectores y ejercitadores del poema breve japonés se lo debemos, entre otros, a Aurora Gil Bohórquez, a María José Villarroya y a los editores de La Fea Burguesía, por libros como *Murcia a vista de haiku* (2021) y *La huerta en haikus* (2022).

# AUTORES

## José Luis Aguayo Albasini

Nací en Alcalá la Real (Jaén) en 1955. Murciano de adopción, estudié en Los Capuchinos, Murcia: primaria, bachillerato y COU. Licenciado en Medicina en 1978, me encaminé hacia la Cirugía General de la mano del Prof. P. Parrilla, realizando el MIR en la Arrixaca. De 1994 a 2023 he dirigido el Servicio de Cirugía del Morales Meseguer. Paralelamente me he dedicado a la docencia como Profesor Asociado, luego Titular y en la actualidad como Catedrático de la UMU. Todavía no me he jubilado. Tengo una gran familia, estupenda compañera (Mª Ángeles), tres hijos y cuatro nietos. Me gusta charlar con los amigos, caminar, leer, viajar y componer haikus.

## Idoia Arbillaga

Cartagena. Lda. Filología Hispánica. Dra. en Crítica literaria, Tª Lit. y Lit. Comparada. He publicado la novela *En el fondo, un crimen*, (Huerga&Fierro, 2024), finalista del Premio Ateneo de Sevilla; los poemarios *Pecios sin nombre* (Amargord, 2012) finalista del Premio Adonáis; *Los Márgenes del Agua* (Tigres de Papel, 2014), *Creación y Vacío* (Huerga&Fierro, 2020); los ensayos *Estética y Teoría del libro de Viaje* (Univ. Málaga, 2005), *La Literatura china traducida en España*, (Univ. Alicante, 2003). He colaborado seis años como crítica en el diario *La Razón*, diez en la revista *Paraíso*, y dos como crítica de cine en *El espectador imaginario*.

### Teresa Arnal

Diseñadora gráfica, docente, fotógrafa, activista climática… Como diseñadora he trabajado con algunas de las mejores editoriales europeas. He impartido docencia especializada en Madrid y Murcia. Como fotógrafa, exposiciones individuales (*Nunca Jamás*, en La Aurora; *Como birlochas al aire*, Museo Molinos del Río; *Articdream*, Loft 113, *La mujer rota*, Loft 113) y colectivas (*ShootBaroque*. Festival Alí Baba, *Objetivo Igualdad, mujeres fotógrafas*, Casino, C.M. de El Carmen, Ayto Murcia; *Siente*, UM, *Paisajes con Alma*, Teatro Romano de Cartagena, *Seexten Gold-Old-Fox*, Loft 13…). Y lo del activismo climático: amor a la vida y a la naturaleza.

### Margarita Ayala

Soy Margarita Ayala Pérez, aunque mi familia y amigos me llaman Marga. Nací en Abanilla, mi pueblo, al que adoro y vuelvo cada vez que puedo. Tengo dos hijos maravillosos y una familia muy divertida. Estudié Derecho. Tengo un trabajo en el que me siento realizada. Me gusta escribir, me encanta leer, tomar los aperitivos los viernes, y salir de senderismo o de aventura al monte; me encanta el cine, sobre todo en versión original, y en pantalla grande; adoro el teatro y también los idiomas, disfruto muchísimo en el mar. Pero, sobre todo, me apasiona viajar. Esta soy yo, y además, soy amante de los haikus.

### Conchita Bayonas

Soy murciana de adopción y maestra. Desde que me jubilé me dedico a escribir, sobre todo literatura infantil y juvenil. La gente menuda ha sido mi inspiración. Soy amante de cualquier tipo de escritura que me acerque a la belleza, de ahí mi amor por los haikus. Mis cuentos: *Tango, el perro pastor* (Dylar), *La verdadera historia del príncipe que se convirtió en rana* y *Es mi mamá* y *Es mi papá*, en la colección «Cascarón roto» de Passer. *Paloma y el corzo blanco* y *No estamos solos*, auto-editados. Estoy muy feliz por participar en esta colección de haikus.

### Ana Bernal

Búsqueda, esa sería la palabra para definir mis fotografías; ver y contar lo que veo a través de mis ojos y a lo que me lleva mi corazón, algo así como una nota, un señalar la dirección, pero nunca quedarme ahí. Seguir buscando para poder ver y anticiparme a lo que aún no ha llegado; en definitiva, para conocer un camino, pero nunca la meta. La fotografía es mi ritmo vital desde siempre. Autodidacta hasta que asistí a la Universidad y pude hacerme con el título de Experta en fotografía de autor, para mi propia satisfacción. Distintas exposiciones colectivas e individuales. Mi ámbito fotográfico es tanto creativo como profesional. Carpe Diem.

### José M. Caballero Fernández-Rufete

Asturiano de nacimiento y vallisoletano de adopción, vivo en Murcia desde hace más de 30 años. Soy profesor de Biología y Geología en Secundaria, ya jubilado. Y estoy siempre dispuesto a conocer, disfrutar y defender la naturaleza.

### Marian Calero

En 40 años de profesión fotográfica he cubierto muchas facetas: 15 años dirigiendo Fotoprix-estudio de fotografía y talleres fotográficos: industrial, arquitectura, laboratorio BN, bodas, retratos... Exposiciones: Galería H2O, Fotoencuentros, Conde Duque. Premio PhotoEspaña 2000, mejor portfolio (con su socio). Publiqué *Weddings* 1979-1999 con textos de Francisco Jarauta. Y *Vivan los Novios* con textos de los humoristas «Gomaespuma». Desde hace 8 años trabajo en mi proyecto LOFT 113, espacio neoyorquino dedicado a la Fotografía, eventos multidisciplinares, exposiciones de cualquier ámbito, talleres, conferencias, *PopUp´s,* grabaciones en directo.

### Magdalena Cánovas Martínez

Nací en Hellín (Albacete). Licenciada en Filosofía pura y en Teología Fundamental. He sido profesora de filosofía en Secundaria, y profesora asistente de la misma materia en la Facultad de Teología del ITM. Galardonada con el accésit del premio de cuentos, Ciudad de Hellín (1981), por el relato: *El extraño camino.* He publicado: los poemarios infantiles: *La Granja de Laurita,* y *La Charca de la Granja de Laurita* (2017). Mi primera novela juvenil: *La Casa de los Espejos* (2019). El poemario: *Más allá del tiempo* (2021). He colaborado en los libros: *Murcia a vista de haikus,* (2021), *La huerta en haikus* (2022) y *Cuentos del Mar Menor* (2022).

### Ángeles Carnacea

Escritora, poeta, antropóloga social, gestora cultural y licenciada en CC. Políticas y Sociología. Su libro *por aquí pasó un río* (Raspabook, 2021) recibió Mención de honor en el I Premio Subirana de Poesía. Escribe en *Revista Murciana de letras* (Newcastle, 2023), *La huerta en haikus* (La Fea burguesía, 2022), *Mar de todos. Mar menor* (Ayto Los Alcázares, 2022), *5.187 kms* (F. C. de Poesía José Hierro, 2021), *Murcia a vista de haiku* (La Fea burguesía, 2021), *Déjà vu* (Wanceulen Poética, 2021), *La casualidad tiene sus argumentos,* II (F. T. Casanova, 2018), *Un minuto de ternura* (Baile del sol, 2015). Sus poemas, relatos y ensayos aparecen en antologías y revistas de España y América Latina. Colaboradora en programas de radio. Nació en Ayamonte (Huelva).

### José Ángel Castillo

Hemos permitido que las fuerzas oscuras del dinero controlen más que nunca nuestras vidas. Manda la impostura y el engaño. Nuestro Mar Menor no podía ser una excepción en este caldo de cultivo, mientras un ejército de ideólogos globalistas nos ofrecen su murga de «sostenibilidad». He colaborado en antologías y revistas. He publicado tres libros de poesía: *Abuelos y Nietos* (2016); *El que quiso bailar y nunca pudo* (2021); y *El decadente aroma de los puntos suspensivos* (2022). Escribo para expresar mi desacuerdo y escribo más que publico. Mantengo inéditos cinco poemarios en los que he ido derivando de la lírica al testimonio por tanto deterioro.

### Vicente Cervera Salinas

Poeta y docente universitario, especialista en literatura hispanoamericana. Su tesis doctoral versó sobre Jorge Luis Borges: *La poesía del Logos* (1992). Su trayectoria poética arranca en 1993 con la publicación de libro ganador del Premio América de Poesía: *De aurigas inmortales*. Hasta la fecha ha publicado cinco poemarios, con la reciente edición en Renacimiento de *El sueño de Leteo* (2023). Ha sido traducido al francés, portugués, italiano, búlgaro y polaco. En 2013 aparece la antología crítica bilingüe *Figli del divenire*. Es Premio Anthropos de Ensayo por *La poesía y la idea. Fragmentos de una vieja querella* (2005).

### Julio Ciller

Nació en Murcia en 1987. Estudió Filología Inglesa en la Universidad de Murcia y más tarde realizó sus estudios de doctorado en la Universidad de Arizona (Estados Unidos). Actualmente, Julio es profesor de Lingüística Hispánica en la Universidad de Texas en el Valle de Río Grande (Estados Unidos).

### Mª Jesús Ciller

Nació en Murcia en la década de los 50. Cursó la carrera de Filosofía y Letras en la Universidad de Murcia especializándose en francés. Fue profesora de enseñanza secundaria en distintos centros de la región como el IES José Planes y el IES Juan Carlos I.

### Ana Cuesta Rico

Nací en un pueblo de la campiña jaenera en 1963, aunque llevo en Murcia más de media vida. Soy madre de Lucía y Ana, dos personas únicas, de las que he aprendido que hay ojos que dibujan el mundo de forma diferente. Aprendí a valorar la libertad y la independencia entre las candelas y los barreños, en familia, y el barro de las calles entre amigas. Estudié Ciencias Físicas en Granada, mas he sido profesora de Matemáticas. Creo en el ser humano como individuo, aunque tiene poca memoria. La fortuna me llevó a conocer los haikus y su especial composición. Vivo entre números, letras, estrellas e imágenes donde me siento en mi rincón de confort.

### Fernando de la Cierva Bento

Nacido en Murcia en 1958. Médico especialista en Otorrinolaringología. Profesor Asociado de la Universidad de Murcia de 2009 a 2016. Director Médico del Hospital Reina Sofía. En 2015 publicó un compendio de veintiún relatos cortos bajo el título de *Catálogo de buenos recuerdos* (Editorial Dauro). En 2020 publicó con Ediciones Alfar la biografía novelada *Un invierno en Filadelfia. Juan de la Cierva y su Autogiro.* En 2021 fue coautor del libro *Murcia a vista de haiku*, de Editorial La Fea Burguesía. En septiembre de 2022 publicó la novela negra *Entonces supe que iba a morir*, de nuevo con Ediciones Alfar.

### Elena Fuentes

Agitadora cultural. Poeta, articulista, gestora cultural, *statements* de autor, Art *Consulting* y comisaria de arte independiente. Directora de arte del proyecto Arttissima (@arttissima).

### Eva Garrido Soler

Actualmente estudia Dirección de Teatro en la RESAD de Madrid. Ha tenido la oportunidad de estar en la ayudantía de dirección de obras teatrales como *Il volo delle Farfalle* y *Mi niña, niña mía,* además de varias muestras en las que hemos podido vislumbrar su potencial. ¡Pero no todo es trabajo! De naturaleza atenta, divertida y alegre, sus aficiones oscilan entre la lectura, el teatro (oh, sorpresa), los viajes y el amor infinito con el que trata a la gente que le rodea. Por su carácter perfeccionista y dedicado siempre está haciendo cosas, y no dudará nunca en echarte una mano para hacerte el día un poco más feliz.

### Aurora Gil Bohórquez

Nací en Ceuta, en una casa blanca y verde que todavía existe. Mi infancia se reparte entre Sevilla, Melilla y Oviedo. Llegué a Murcia empezando la juventud, y aquí sigo, entre libros, amores, amigos, alumnos, las luces maravillosas de este sur nuestro... He sido profesora de Lengua castellana y Literatura durante más de 38 años y siempre he creído que mi profesión es la más bonita del mundo. Me gusta leer, aprender, las bibliotecas, la tradición oral, escribir, hablar, dibujar, el mar, navegar, hacer fotos, viajar, ver crecer a mis tres nietos... ¡Y los haikus!

### Mª Ángeles Gómez Ortigosa

Pediatra, lectora y escritora. Amo la poesía, el relato y la comunicación escrita, las palabras con sentido y densidad. Leo porque es un alimento vital para mí, y escribo porque no puedo dejar de hacerlo, porque mi pensamiento y mi cordura (corazón) me llevan a ello. Participé en los anteriores libros de haikus, disfruto mucho de esos pequeños versos donde asoma el instante y la belleza. La Fea Burguesía me publicó la novela *El silencio de las mujeres de mi casa*. Estoy muy satisfecha porque me permite conectar con los lectores y compartir esa historia que un día escribí. Mi segunda novela ya está preparada para ver la luz. Y sigo escribiendo.

### Rosario Guarino Ortega

Nació en Sabadell, donde residió hasta los quince años, cuando su familia se trasladó a Murcia, tierra de su madre. Licenciada y doctora en Filología Clásica por la Universidad de Murcia, finalizó el segundo milenio como profesora titular de Filología Latina y estrenó el tercero como madre de su única hija, Irene. Apasionada de la poesía y la fotografía, ha colaborado en proyectos poéticos y fotográficos, y publicado los poemarios *Palimpsesto Azul* (2014), *Florida Verba* (2017) y *Los márgenes del tiempo* (2019), así como *A la intemperie* (2021) y *Vuelo de palabras* (2022) con José Luis Montero. *La última primavera*, en edición bilingüe español-griego moderno es su último poemario.

### Noelia Jerónima Guillén Pardínez

Una murciana de dinamita, en palabras de Miguel Hernández, nacida en pleno estío. Soy historiadora y arqueóloga por la Universidad de Murcia y, podéis encontrarme perdida entre lecturas, bibliotecas y museos, o caminando por calles, lugares y sendas de nuestra maravillosa región.

### Mª José Hernández Hernández

Nací en la Huerta de Murcia. Disfruté mis últimos años de docencia en el Dpto. de Lengua Castellana del IES Cañada de las Eras. Mi familia es el pilar de mi vida y adoro a mis cinco nietos. Abuela inquieta, enamorada de mi tierra, del mar y de la gente amable . Participar en *La Huerta en haikus* y en *Haikus al Mar Menor* ha sido para mí un maravilloso regalo.

### Juan Jordán

Juan Francisco Jordán Montés. Doctor en Historia Antigua y Arqueología, catedrático de Geografía e Historia en Secundaria, prospector y etnógrafo en las aldeas de montaña e investigador en arte prehistórico postpaleolítico. Es escritor de novelas históricas (*MontElín de los Caballeros, Abdul el esclavo; De emperador a soldado*) y de baladas espirituales (*Días de Ángela; Tardes con Ángela; Nyktígenes, nacido en la noche; Viaje a Tálasa; Lux ludens, la luz que juega; Eres mi hermana*), además de poemarios ilustrados con paisajes de montaña, realizados con bolígrafos de colores (*Poesía en el paisaje; El alma en el limes*).

### Raimundo Lara

Natural de La Matea, Santiago-Pontones (Jaén, 1986). Soy amante de las montañas, la literatura y la música. Actualmente trabajo de maestro en la Región de Murcia. He publicado un libro de poemas: *Canciones desencantadas* (El ojo de Poe, 2017) y un cuento de literatura infantil y juvenil: *Zurribulle* (Babidi-bú, 2022), obra que ha sido traducida al italiano. He participado en las obras corales *Murcia a vista de haiku* y *La huerta en haikus* (ambas en La Fea Burguesía) así como en diversas antologías. Soy organizador del ciclo cultural *Las noches de la Abacería* junto al escritor Andrés Ortiz Tafur.

### Manuel Juan de Larrea

Licenciado en Ciencias de la Actividad Física y el Deporte. Catedrático de E.F. Colaborador gráfico durante un tiempo de la revista *Todo Triatlón*. Campeón de España veterano de triatlón, siete años consecutivos, cuatro en distancia olímpica y tres en distancia *sprint*. Sigue entrenando y haciendo fotos, algunas premiadas.

### Josefina López

Periodista de formación y profesión, he realizado escuetas incursiones en el mundo literario (siempre obras colectivas). De hecho, lo que conforma principalmente mi currículum en el campo de la publicación es la participación en las tres ediciones de la presente colección: *Murcia a vista de haiku, La huerta en haikus* y *Haikus al Mar Menor*. Sin embargo, escribir, escribo a todas horas y me compensa siempre. Entre mis planes inmediatos, está sacar a la luz algunos de mis proyectos. Mientras tanto, leo y observo lo que me rodea para que me vaya guiando e inspirando con el fin de no dejar de contarlo, de contarme y de seguir contando.

### Milagros López

Licenciada en Filología Inglesa con Premio Extraordinario por la Universidad de Murcia. En la actualidad, escritora y docente. Publicaciones: la novela *MM2033 Casi una distopía* (Editorial Verbum, 2021), que ha tenido una gran acogida entre los lectores de habla hispana. En ella, el Mar Menor se convierte en indiscutible protagonista, a la vez que plantea una distopía futurista de tintes medioambientales sin precedentes en nuestra literatura. Poesía: *A ras del mar* (Torremozas, 2014), *Llegará el día,* (Amargord, 2018) y *Aula (*Tigres de Papel, 2023). Poemas de estos libros han sido traducidos al inglés, francés, polaco, holandés, rumano y árabe.

### Bartolomé López Lucas

Nací en 1957, siendo el primero de 6 hermanos. En 1978 acabé la carrera de Ingeniero Técnico Industrial, y me casé, y fruto de este matrimonio vinieron al mundo mis dos preciosas hijas. Por esa época me hice con un laboratorio fotográfico en b/n. Tras unos años revueltos, en los que trabajé en la industria metalúrgica, la agricultura, entre otras muchas cosas, finalmente aprobé las oposiciones de profesor de Dibujo, y fue entonces cuando descubrí mi verdadera vocación: enseñar. Durante 32 años disfruté de esa labor docente. Tras mi jubilación retomé, con más ilusión que nunca, mi afición a la fotografía.

### Francisco Javier López Martínez

Nací en Espinardo. Soy arquitecto. Casi toda mi vida profesional ha estado dedicada al patrimonio histórico y su restauración. También soy profesor, desde el año 2000, en una universidad. Me gusta escribir.

### Ramón López Palop

Un murciano, nacido en 1967, huertano de la ciudad y cofrade desde la infancia. Recuerdo mi infancia de paseos por Murcia, juegos en la calle y en el jardín de Floridablanca. En la memoria, veranos en el Mar Menor. Profesionalmente de ciencias, pero con afición a las letras. Dedicado a retocar los corazones ajenos. Casado, con dos hijos que ya no son niños. Intento, los ratos que la profesión permite, viajar para ver iglesias, templos y museos. O leer arte e historia, o novelas o de todo. Mi gusto musical: poco más moderno que Puccini. Espero cada año la Semana Santa para oler a azahar en una ciudad llena de color, marchas, sol y recuerdos.

### Juana J. Marín Saura

Murcia, 1 diciembre, 1953. Cofundadora de la revista cultural, *Azahara*. (Murcia, 1978-1980). Premio Internacional de Poesía Zenobia-Madrid/1989. Incluida en estudios, publicaciones literarias, antologías, revistas especializadas y textos sobre arte. Poeta. Escritora de artículos de opinión en prensa. Once libros publicados, más el inédito: *El ovalado cerco de la luna*. Se reúnen con el título *Carta de navegación*. (Poesía 1975-2005) (Editum Universidad de Murcia/2006). En 2007, *Instante* (Signum edizioni d'arte. Milán/Italia).

### Mª Carmen Martínez Balibrea

Murcia, 1963. Maestra de Educación infantil, licenciada en Pedagogía y Periodismo. He trabajado ejerciendo la docencia en la etapa de Educación Infantil y en la actualidad en Formación Profesional. También he colaborado en publicaciones docentes del Centro de Profesores y Recursos (Región de Murcia) y en la Revista *Infancia* (Barcelona). Me gusta escribir poesía y he participado en los libros colectivos *Murcia a vista de haiku* (2021) y *La huerta en haikus* (2022).

### Carmen Martínez Marín

Estudié Magisterio de Ciencias Sociales. Autora de la Plaquette *Caja de Postales* 2016 (Autoedición). Mi primer libro, *12 meses,* en 2020. *La Terraza azul,* en 2023. Escribo cuentos, relatos, poemas y microrrelatos. Algunos premios literarios. Me gusta leer por las mañanas. Disfruto leyendo. Caminar por la orilla del mar, por los carriles de la huerta, en cualquier época. Aficionada a la fotografía, que practico. Colecciono amaneceres en el mar. Prefiero la sinceridad y la puntualidad. Maldigo las guerras y la falta de sensibilidad por el medio ambiente. Lloré en una playa del Mar Menor por la mortandad de peces en agosto de 2021.

### Romualdo Mateos Ramos

Mi biografía: / retazos de recuerdos / más que ajados. / Ahora el tiempo / en vilo se sustenta / en cuatro nietos / que, con sus sueños / alimentan las ascuas / de mis desvelos. / Lo demás huelga. / La política hiede. / Galopa el tiempo. / ...A los linderos / de mi edénica infancia / regreso a veces, / mas el espejo, / como siempre, implacable, / a carcajadas, / rompe en añicos / la foto extemporal / de los ancestros.

### Joaquín Molina Multiterno

Soy un fotógrafo aficionado autodidacta. He aprendido viendo mucha obra, en revistas, libros y redes sociales. Comencé haciendo fotos como complemento a mi afición de senderista; pasaba por lugares que me parecían destacables y ¡click! Me interesa especialmente el tratamiento de la luz. En un principio solo hacía fotos de paisajes, pero con el tiempo cultivo también la fotografía de calle, en la que siempre incluyo la figura humana. Durante diez años he pertenecido a la Asociación Punto de Enfoque, (de fotógrafos aficionados) y he sido su vicepresidente. He pertenecido al equipo de redacción del antiguo Magazine Sonymage (hoy SYMART).

### Pilar Morales

Me formé en letras puras, Filología Inglesa en la UMU y Fotografía en EFTI (Madrid, 2000) Desde entonces, mi ecléctica labor como fotógrafa profesional *freelance* (prensa, social...) la compagino con los proyectos más personales, que nacen de mi curiosidad e interés en el ser humano y su relación con el entorno y consigo mismo. *From Inside Project*, un estudio profundo del mar y los océanos y cómo interactuamos con ellos, vio la luz en forma de exposición en 2022 (las fotografías más íntimas y conceptuales). La lengua, cultura y sociedad chinas, así como su diáspora e idiosincrasia, forman parte del proyecto actual en el que ando inmersa.

### Juan José Navarro Avilés

Ingeniero naval y graduado en Lengua y Literatura Españolas, me gusta escribir y tengo algunos premios literarios. Investigo sobre temas murcianos como la historia y la lengua y literatura dialectales. Mis trabajos están en las revistas *Murgetana, Cangilón, Bando, Caxitán, Enza, Archivo de Filología Aragonesa* y *Revista Murciana de Antropología*; también, en los diarios *La Verdad* y *La Opinión* y en las webs Región de Murcia Digital y Biblioteca Virtual Miguel de Cervantes. Soy autor de *La Literatura en Murciano*, única obra que trata solo de nuestra literatura dialectal, prologada por Antonio Pérez Crespo, con epílogo de Antonio Díaz Bautista.

### Mª Asunción Nuño Vázquez-Garza

Una mañana de niebla celta en 1963 nací en una familia numerosa donde el mar se convierte en ría, Pontevedra. Su sonido, sabor salado y color, han sido parte de mi vida: mis primeros pasos, tardes de amores, lecturas, paseos por la playa y familia. Cambié el océano por el Mediterráneo y el amor que siempre va a mi lado, decidió traerme a mi segunda patria, Murcia. Profesora de Educación Secundaria por vocación, me encanta el cariñoso término «maestra». Dos hijas forman parte de una vida que comparto entre senderismo, montaña, música, baile, poemas y por supuesto el mar, ese que me acuna desde lo más profundo y apacigua mi más interno yo.

Fernando Oliva Mompeán

Cirujano jubilado. Nacido en El Palmar y licenciado en Medicina en Murcia. Doctorado en la Universidad de Sevilla y Profesor asociado de la misma. Fui Jefe de Servicio de Cirugía en los Hospitales de Osuna y Virgen Macarena (Sevilla). Aficionado a la náutica y a la historia de la navegación. Mis vínculos con los haikus vienen de la participación en el foro creado en Murcia con excelentes haijines que nos enseñan continuamente. He participado en las otras ediciones corales de haikus.

Alonso Palacios

Nací en una pequeña aldea de Albacete en la que los árboles y los pájaros tenían su propio nombre. Las primeras frases que aprendí a leer fuera de la escuela fueron este letrero «Reolid. Camineros. Córdoba-Valencia. Km 90» y esta otra grabada bajo un puente del ferrocarril Baeza-Utiel por el que nunca llegó a pasar el tren: «¡Viva el Celta de Vigo!». Ambas igual de ininteligibles para mi recién estrenada carrera lectora pero, desde entonces, los libros me han ido salvando la vida.

Mª Carmen Piqueras

Murcia 1963. He publicado los poemarios *Oficios de derrota*, Aula de Poesía UMU. Editum 2021 (Premio Dionisia García), *Nación del sueño*, Raspabook, 2014 y *Veinte películas de amor y una canción de John Lennon*, Raspabook, 2017. Mis poemas aparecen en distintas antologías y revistas literarias. En prosa he participado en los libros *Tributo a Serrat*, Rama Lama 2007 y *Poesía amiga y otros poemigas para Aute*, 2014.

Javier Plaza

Nacido en Santomera hace muchos años. Aficionado a la fotografía, los libros y la naturaleza.

### Rosa María Regalado

He nacido y crecido en Granada. He sido animadora cultural en Valencia. Trabajo de profesora socioeducativa en el IES Miguel de Cervantes de Murcia. He publicado relatos en *La casualidad tiene sus argumentos* (Fundación Trinitario Casanova, Murcia, 2018) y en *Dieciséis historias que vienen a cuento* (Raspabook, Murcia, 2019). He participado en la colección de poesía visual «Kit de supervivencia Afluentes» (Genoma Poético, Madrid, 2020) y en las publicaciones electrónicas de la Fundación «Centro de Poesía José Hierro», 2021 y 2023. Mi poema *8 de marzo de 2023* ha sido premiado en el XXVII Certamen de Poesía «Mujer» de Molina de Segura.

### José D. Riquelme

Murcia. Más de 20 años de experiencia en diseño gráfico e impresión en fotografías de paisajes y escenas nocturnas. Referente internacional, ha recibido numerosos reconocimientos internacionales: «Fotógrafo del Año 2021 y 2023» en la categoría nocturna de los 35Awards. Ganador de nature/landscape y fotógrafo del año en los Espían PanoAwards 2023; cuatro medallas de oro en el «TrierenbergSuperCircuit» de Viena. Destacado en competiciones: «Siena International Photo Awards», Xposure International Photography Festival y otros, su obra ha sido reconocida por National Geographic, Forbes o BBC. Imparte talleres y realiza tours fotográficos por el mundo.

### Isabel Rubio Pérez

La mayor parte de mi vida la he dedicado a la docencia. Tras 35 años como profesora de Secundaria, el interés que siempre había sentido por la naturaleza se convirtió en una pasión. Así surgió el sitio web sobre biodiversidad en el Mar Menor y el Mediterráneo con información y fotografías sobre la flora y la fauna marinas y del litoral de estos ecosistemas. Dedico parte de mi tiempo a *Pacto por el Mar Menor*, organización creada en 2015 ante el deterioro de la laguna costera. Doy a conocer sus valores, las amenazas que sufre y las posibles soluciones para evitar su colapso a través de charlas en centros educativos, vecinales o culturales.

### Francisco Ruiz Villarroya

Nacido en la huerta murciana, ha crecido aprendiendo a amar a la naturaleza y viendo todo lo que le rodea a través de su mirada artística, que, con el tiempo, se ha transformado en pasión por la fotografía. Para plasmar sus múltiples vivencias y cristalizar recuerdos juntos a sus seres queridos se ayuda de su cámara. Para transformar esos momentos en emociones, escribe. A veces lee, otras, dibuja. Y en el tiempo restante, siempre guarda sitio para seguir impregnándose de conocimientos. Aprender como verbo favorito. A veces, de las personas más cercanas, otras, de las situaciones, pero siempre tratando de ser mejor persona cada día.

### Aíta Salinas Muñoz

Actualmente coordina el proyecto cultural *Murcia Inspira* de Cervezas Alhambra, en el que se visibiliza a artistas y artesanos de la Región de Murcia. Ha desarrollado diferentes trabajos de gestión, producción y organización de eventos culturales, como pueden ser los C.C. del Ayto. de Murcia, Arena Teatro, el festival de fotografía Fotoencuentros, el espacio Molinos del Río, el C.C. La Rambleta... La fotografía es una de sus pasiones, realiza sus propios proyectos como autora y trabaja la fotografía social. Debido a esta faceta ha sido galardonada con dos accésits por el *CreaMurcia* y fue seleccionada en *Panorama* y la beca AliBaba de La Postiza.

### Emilio del Carmelo Tomás Loba

Profesor de Lengua y Literatura española nacido en Murcia, en 1976, con sangre del Valle de Ricote en las venas. Siempre he creído en la cultura popular como fuente intrahistórica y marco complementario a la sabiduría ilustrada. Motivado por ello, decidí sumergirme en el campo de la literatura tradicional: su música, su etnografía, su historia y antropología, como herramienta de enseñanza y divulgación. Tras publicar en 2019 *Crónicas y Romances de Murcia* con el escritor molinense Paco López Mengual, en 2020 me atreví con el poemario *Haikus fugit*, emulando mis paseos con Hua Ta Mi.

### Raquel Vargas

Licenciada en Filología Hispánica. Profesora de Secundaria. Coordinadora de un taller literario juvenil. Escritora a rachas, lectora *full-time*, soñadora siempre. Terminar la saga de haikus con el Mar Menor ha sido un privilegio. Volveremos a recuperar aquel mar que fue parte fundamental de mi infancia.

### Gabriel Vegara

Nací en Jacarilla (Alicante) en 1953. Participé en el libro anterior, *La huerta en haikus*. Fue una experiencia enriquecedora tanto en el proceso de creación, ya que durante mi niñez y juventud trabajé en la huerta, como en las distintas presentaciones en las que intervine, en especial en la de la cárcel de Campos del Río. Profesor de Secundaria jubilado.

### Teresa Vicente

Licenciada en Historia General e Historia del Arte. Empecé mi vida literaria en 2010 con poesía: *Enraizó en el agua* (ed. Azarbe, 2010). Seguí en Renacimiento con *Dispárame vida* (2013) y *Estigma* (2016). En narrativa, con La Fea Burguesía, *Amores Malsanos* (2017) y *La Casa de las Palomas* (2020) y los libros de poesía *Orión pasa de largo* (2020) y *La silla blanca* (2022), en Balduque. He participado en La Verdad con cuentos, en libros colectivos: *Murcia a vista de haikus y La huerta en haikus*, lecturas, homenajes, presentaciones de libros y soy jurado del Premio Enrique Ríus Zunón, Premio CJT y del Ramón Gaya del Ayto. de Murcia.

### Clara Villarroya Lozano (@byclaravi)

Nacida en Pinoso (Alicante), tengo la sensación de haber transitado por la vida en volandas. Cierro los ojos y ante mí pasan como fotogramas desordenados multitud de imágenes, lugares y sensaciones que me hacen sonreír. A lo largo del recorrido he ejercido de hija, hermana, madre, esposa, amiga y algo más. Mi gran pasión, el Arte. He tenido distintas ocupaciones, sintiéndome afortunada de desarrollar algunas que tienen que ver con lo creativo y el diseño. Es un modo de preservar a esa niña curiosa que fui, de ser más yo, de seguir jugando y usar la imaginación, atreviéndome, sintiéndome inmune y disfrutando al invadir espacios en blanco.

### Mª José Villarroya Durá

Nací en Madrid en 1968 de familia valenciana. Pero Murcia es la ciudad que reconozco como mía. Soy lo que aprendí entre las risas de mis hermanos y padres. El resto de las cosas fundamentales en el colegio José Loustau y en el grupo scout del Carmen. Estudié Filología. Y volví al instituto, a la tiza y la pizarra. Mamá vocacional, he tenido tres hijos. Sobra decir lo importantes que son en nuestra vida. Conservo a mis amigos como un tesoro. El azar me llevó a colaborar con Aurora Gil en la edición de tres libros de haikus. Vivo entre libros, música, palabras e imágenes. Con las dos últimas trato de conjurar ese olvido que seremos.

Xiao Liang Ji (@xiao.l.j.)
Originario de Zhejiang, China, y residente en España, amalgama su amor por la fotografía con intereses en cine y viajes. Su obra refleja la interconexión entre escenas cinematográficas y experiencias de viaje, fundamentales en sus impactantes fotografías. Aunque se autodenomina fotógrafo aficionado, XiaoLiang Ji es pragmático, considerando la fotografía su hobby más apreciado. Dedica tiempo al estudio intensivo de técnicas fotográficas y postproducción, buscando perfeccionar su destreza y elevar sus creaciones visuales. Su enfoque meticuloso eleva su hobby a una pasión perfeccionada, fusionando arte y técnica en obras de excelencia.

# LUGARES

**El Mar Menor**

Lo Pagán

## La primavera

Flores de Cymodocea
en La Manga

Los Alcázares

Ova del Mar Menor. Alrededores
de la Isla del Ciervo

Las Encañizadas

## El verano

La Puntica. Lo Pagán

Islas Menores

Final de La Manga

Cala del Pino. La Manga

## El otoño

Los Narejos

Molino de Quintín.
San Pedro del Pinatar

Playa de La Martinica. La Manga

Balneario de la playa de la
Concha. Los Alcázares

## El invierno

Encañizadas. Lo Pagán

Santiago de La Ribera

Los Urrutias

Los Urrutias

La Fea Burguesía
— EDICIONES —

Este libro, *Haikus al Mar Menor*,
se acabó de imprimir en julio de 2024